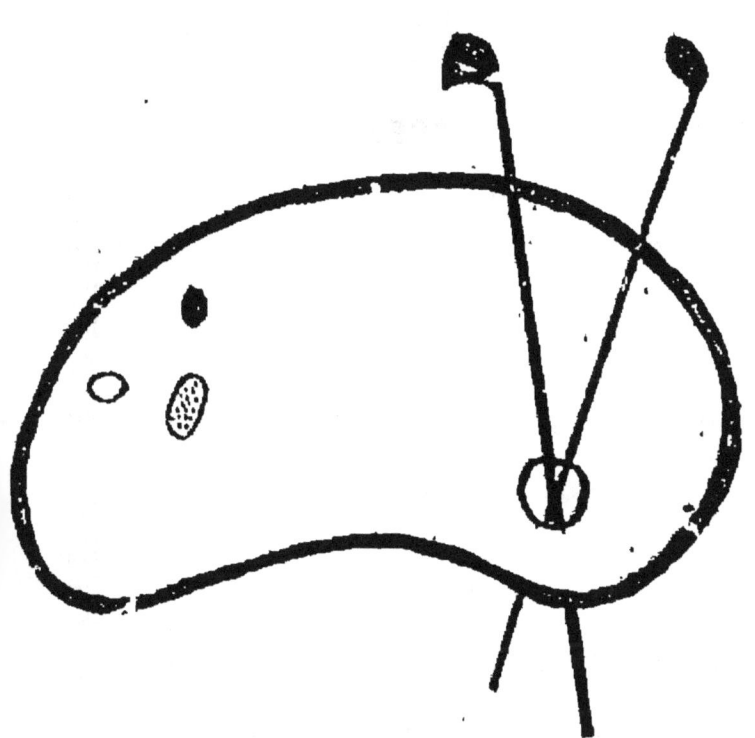

DEBUT D'UNE SERIE DE DOCUMENTS EN COULEUR

CATALOGUE
DE
TABLEAUX
ESTAMPES
OBJETS D'ART & CURIOSITÉS

Provenant en grande partie de la collection de BOUCHARDON

Sculpteur ordinaire de Louis XV

DONT LA VENTE AUX ENCHÈRES PUBLIQUES AURA LIEU

HOTEL DES COMMISSAIRES-PRISEURS
RUE DROUOT 5,

SALLE N° 3

Le Jeudi 4 Mars 1858, heure de midi

Par le ministère de Mᵉ **PETIT**, Commissaire-Priseur, rue de Montyon, 10

Assisté : pour les Tableaux, de M. **FRANÇOIS**, rue Taitbout, 41.
— pour les Curiosités, de M. **MANNHEIM**, rue de la Paix, 10.
— pour les Gravures, de M. **VIGNÈRES**, rue Baillet, 1.

EXPOSITION PUBLIQUE

Le Mercredi 3 Mars, de midi à 5 heures.

1858

Imp. Renou et Maulde, rue de Rivoli, 144.

FIN D'UNE SERIE DE DOCUMENTS
EN COULEUR

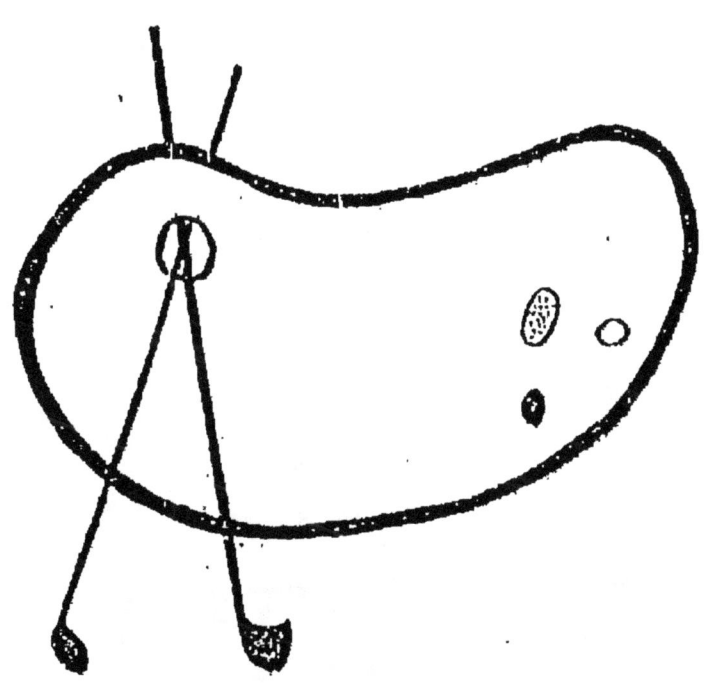

CATALOGUE

DE

TABLEAUX

ESTAMPES

OBJETS D'ART & CURIOSITÉS

Provenant en grande partie de la collection de BOUCHARDON

Sculpteur ordinaire de Louis XV

DONT LA VENTE AUX ENCHÈRES PUBLIQUES AURA LIEU

HÔTEL DES COMMISSAIRES-PRISEURS

RUE DROUOT 5,

SALLE Nº 8

Le Jeudi 4 Mars 1858, heure de midi

Par le ministère de Mᵉ PETIT, Commissaire-Priseur, rue de Montyon, 19

Assisté : pour les Tableaux, de M. FRANÇOIS, rue Taitbout, 41.

— pour les Curiosités, de M. MANNHEIM, rue de la Paix, 10.

— pour les Gravures, de M. VIGNÈRES, rue Baillet, 1.

EXPOSITION PUBLIQUE

Le Mercredi 3 Mars, de midi à 5 heures.

—

1858

ORDRE DE LA VACATION :

Estampes.
Tableaux.
Curiosités.

CONDITIONS DE LA VENTE.

Elle sera faite au comptant.

Les acquéreurs payeront cinq pour cent, en sus des adjudications, applicables aux frais.

On commencera à une heure précise.

Mᵉ PETIT, Commissaire-Priseur à PARIS
Rue Montyon, №. 19.

Vente

Por.ᵗ M. Viguier

Rue

_____ Du _____ 185 _____

			f.	c.
25	11	1 Portrait	20	"
16	66	" "	2	16
43	71	1 gravé	10	"
61	plus 3e gravé		5	"
81	34	1 Portrait	1	10
94	119	1 Portrait	6	10
99		3 Portrait	31	"
120	15	1 tableau	35	"
127	31	1 Portrait	130	"
140		1 tableau	15	"
			279	00
			12	95
			271	95
			10	"
	2 figure	2 - 50	281	95
		7 - 50		
		10 00		

René Dubrenil

DEBUT D'UNE SERIE DE DOCUMENTS EN COULEUR

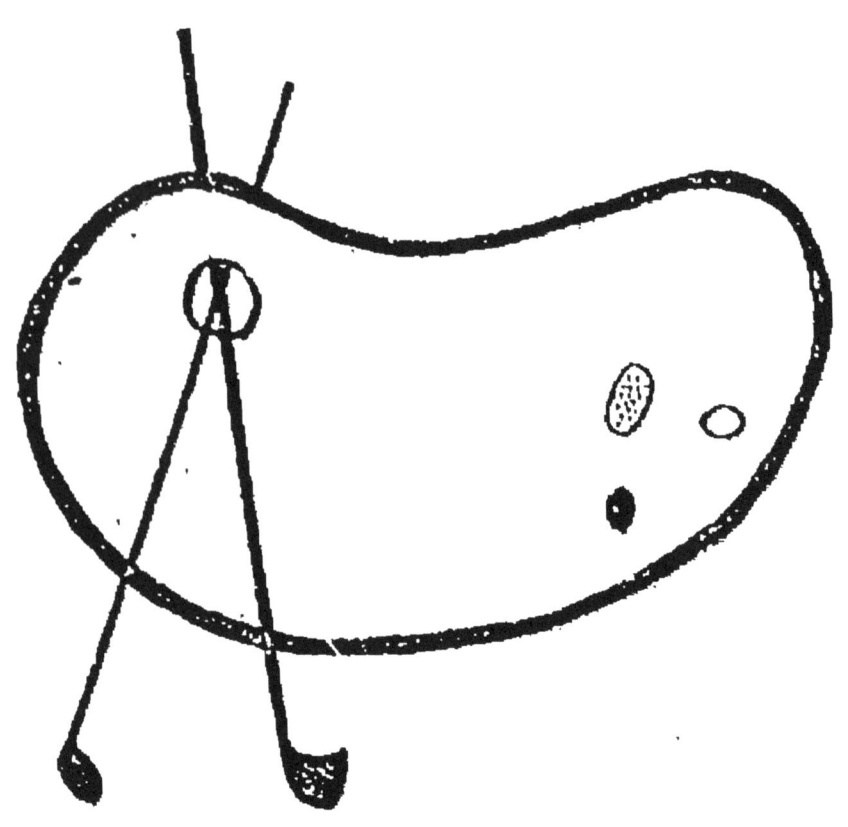

6 Mars 1858

Monsieur

Je vous prie de m'adresser par la poste de manière à ce qu'elle m'arrive au plus tard Lundi, la note de vos déboursés dans la vente du 4 de ce mois. Mad^e Lelland veut partir Lundi soir et je veux avant son départ avoir réglé le compte avec elle.

Cette note se composera du montage des estampes, port des catalogues, envoi par Lasquin N.° 1 et 2

Recevez mes salutations

Pottie

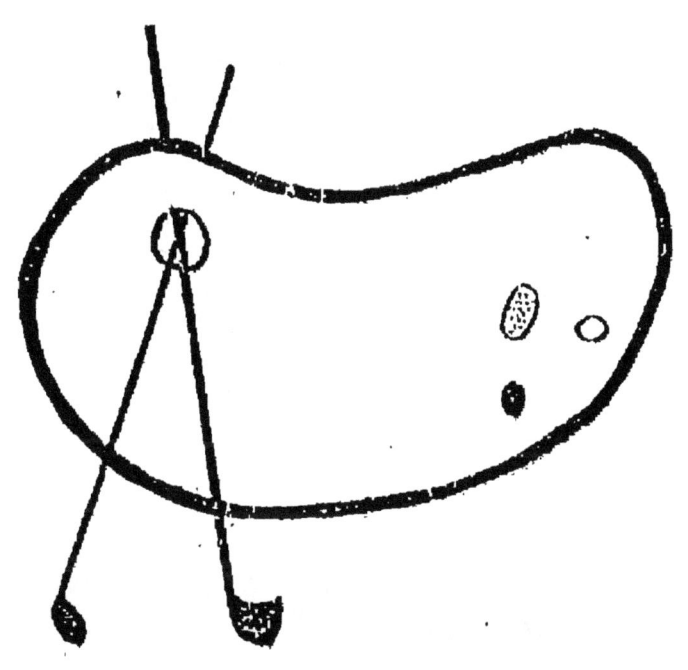

FIN D'UNE SÉRIE DE DOCUMENTS
EN COULEUR

DÉSIGNATION

DES

TABLEAUX

1 — HEMMELINCK (Hans), Triptique. Le milieu représente la Vierge assise dans un paysage ; son divin fils est couché sur ses genoux ; deux anges tiennent une couronne suspendue sur leurs têtes ; sur un des volets, sainte Catherine agenouillée tient l'anneau nuptial ; sur l'autre, sainte Barbe tient une palme d'une main et un livre de l'autre. Les volets extérieurs représentent l'Annonciation, en grisaille. Sur le bas du tableau, il existe un blason surmonté d'une crosse d'évêque.

2 — EYCK (Jean Van), Panneau représentant d'un côté la Cène ; de l'autre, la Visitation.

3 — CASANOVA, Deux soldats jouant aux cartes.

4 — MEER (Vender), Palais sur le bord de la mer, orné d'une grande quantité de figures.

5 — BEREEN (David), Pêches et raisins dans un plat d'argent posé sur une table recouverte d'un tapis.

— 6 — De Heem. Pêches, abricots et raisins.
— 7 — Champagne (Philippe de). Portrait d'homme.
— 8 — Alessys (Quintin). Philosophe le doigt appuyé sur une tête de mort.
— 9 — Plaas (V.). Poissons et huîtres sur une tablette.
— 10 — Rembrandt (attribué à). Un bœuf pendu ; une femme lave les intestins dans un baquet (esquisse).
— 11 — Teniers (David). Buveurs et fumeurs à la porte d'un cabaret.
— 12 — Desportes. Chasse au chat sauvage.
— 13 — Peeters. Vue d'un port de mer.
— 14 — Leprcié. Jeune fille coiffée d'un bonnet de dentelles.
— 15 — Neefs (Peeters). Intérieur d'église, figures de Bizet.
— 16 — Grine (attribué au). L'Enfant Jésus endormi sur une tête de mort.
— 17 — Raphael (école de). Tête d'homme.
— 18 — Heur (Van). La mise au tombeau, tableau traité dans le goût de Rubens.
— 19 — Her. Paysage : clair de lune.
— 20 — Poel (Vander). Incendie d'un village.
— 21 — Duplessis. Halte de voyageurs près d'une ruine.
— 22 — Lesueur (Eustache). Esquisse d'un sujet tiré de la vie de saint Bruno : la résurrection du chanoine.

— 5 —

— 23 — STELLA, Meeletius et la Folie sous les traits de
jeunes enfants.
— 24 — WICK (Thomas). Soldats allbanais au repos.
— 25 — WOUWERMANS (d'après). Rendez-vous pour la
chasse au faucon.
— 26 — LAURENT (d'après Téniers). Pêcheurs à la ligne.
— 27 — SACCHI (d'après André). Agar et l'ange.
— 28 — École moderne. Une plage.
— 29 — INCONNU. Paysage avec baigneuses.
— 30 — École espagnole. Portraits de deux infants.
— 31 — INCONNU. Portrait de Montaigne, daté de 1590.
— 32 — — Un villageois lisant.
— 33 — NEFVEU. Réunion de personnages à table.
— 34 — POURUS. Portrait de Marie Hennequin, prési-
dente d'Embonne.
— 35 — BREUGHELS, VAN BALEN ET VAN KESSEL. Repos de
chasse. Sur le premier plan, une grande quantité de gibiers.
— 36 — HUCHTENBURCH. Sac d'un village.
— 37 — TOCQUÉ. Portrait de
— 38 — DESPORTES. Un gigot pendu.
— 39 — VANGOYEN. Un général examinant une place
forte.
— 40 — GUFF (genre de). Réunion d'oiseaux. 3.50

ESTAMPES

Montagne Rogu... 15

18

41 — AUBANE (d'après l'), L'eau, la terre et autres. 4 pièces. *Manuscrit...*

42 — AUBAN (J.), Fr. P. Gillot; très-belle épreuve, marge. 3

43 — BALECHOU. La Tempête, d'après J. Vernet. 5

44 — BAUDOIN (d'après Vandermeulen), Chasses, etc. 3 pièces.

45 — BÉHAM (d'après). Le gage de l'amitié, par Hanzel. 1

46 — BERNARD (Samuel). Louis du Garnier, peintre en miniature, R. D. 1. Portrait rare.

47 — Bosse (Ab.), La femme corrigeant son mari. 3 50

48 — — L'hôtel de Bourgogne. Belle et rare. 10

49 — BRUYN. L'âge d'or. Grande composition. *d'après Van...* 1 50

50 — CALLOT (J.). La place publique, avec le pont-neuf au fond. — Les vingt-trois martyrs au Japon; belle avec marge. — Entrée de son Altesse à pied. — Tentation de saint Antoine (par et d'après Callot). Gueux, Misères de la guerre, Tour de Nesles, Jeu de boules. 30 pièces. — Sora divisé.

lot 24

55	tot B. Satagne	Ontens	20
60	Perless de heineau		2 ss
70	douau	Harding	10
90 Po Bathit, G° à Asten		5
94	Valerius	Perateau	4
	Jourdan ? ent	St Leon	81
31	Montaigne etc.	Bajae	130
119	MM Leon Dutau	Valgan	6 ss
13	Canal	Valfon	35
	Chin.		15
	? figuran.		6 ss

— 7 —

51 — CAMAYEUX. Clélie, la Pêche miraculeuse, et autres fac-simile, par N. Lesueur. 8 pièces. — Pourra être divisé.

52 — CARRACHE (d'ap. An.). Dix-huit pièces de la galerie Farnèse.

53 — CARMONA (S). H. Collin de Vermont, peintre. — Le Négligé galant, d'après C. Coypel.

54 — COYPEL (C.). L'Amour maître d'école.

55 — DANCKERTS, ex. Jean Casimir, roi de Pologne, grand duc de Lithuanie, etc., 1649. Grand et beau portrait entouré de figures allégoriques.

56 — DAULLÉ. Ch. Coffin, recteur de l'Université. — Ch. F. Lefébure de Laubrière, évêque. Deux portraits. — Pourront être divisés.

57 — DENON, d'après David. Costumes, représentant du peuple, du citoyen, officier municipal. 3 pièces.

58 — DESNOYERS. La Vierge aux Rochers, d'après Léonard de Vinci. Superbe épreuve avec le cachet à deux têtes.

59 — DOMINIQUIN (d'ap.). Adam et Eve, Judith, David. 3 pièces.

60 — DREVET. Marie, duchesse de Nemours, d'après H. Rigaud. Très-belle épreuve, marge.

61 — DUMONT. Six feuilles d'architecture.

62 — DUPUIS. Louis XV sur son trône, d'après Ranc. Grand portrait rare.

— 8 —

63 — Dürer. Vierge au singe, arrestation du Christ, en bois et autres. 4 pièces.

64 — Dyck (d'ap. Van), Ernestine, princesse de ligne; Jacques Jordaens, peintre. 2 portraits.

65 — Falda. Vue du pont et château Saint-Ange.

66 — Gouttn (comte de). Cérès cherchant sa fille.

67 — Ghezze (d'après). La Crèche cassée, gravée par Massard. Très-belle épreuve.

— L'Enfant gâté, par Malœuvre.

68 — Ingour. Les Canadiens au tombeau de leurs enfants. Épreuve avant la lettre.

69 — Joie (P. de), David Teniers. Très-belle épr.

70 — Lavielle (Et. de), Écran, scènes militaires, Vierge, la Mort avec enfant et vieillard, etc. 16 pièces. — Pourra être divisé.

71 — Lavage. Bain de satyres et de nymphes, R. D.

12 — Jupiter et Sémélé, R. D. 14, 1er état. 2 p. — Pourra être divisé.

72 — Lanfnessin, Joseph reconnu par ses frères, etc. 2 pièces.

73 — Lancret (d'après), Conversation galante, Belle avec marge.

— Le Philosophe marié. Très-belle épreuve.

74 — Lanfnessin, Achille et Déidamie. Sujet gracieux d'après Ilacre, de Turin.

75 — Latour (d'après), Marie de La Fontaine Solare de la Boissière.

— 9 —

76 — Lamas. Entrée de Louis XIV à Strasbourg ; an-
cien port de Messine, d'après Claude. 2 p.   1

77 — Le Brun (d'après). Plafond, Moïse et les Bergers,
Porus, Darius, etc. 6 p.   1

78 — Leclerc. Titre de l'Histoire des plantes de Do-
dart, Puer parvulus, petites conquestes, etc.,
28 p. — Pourra être divisé.   4 75

79 — Larcin. Catherine de Seine, femme Dufresne,
actrice.   3

80 — Lesueur (d'après). Trois Muses, Alexandre et
son médecin, saint Laurent. 3 p.   1 52

81 — Louys, d'après Rubens. Diane et ses Nymphes
endormies surprises par des satyres. Superbe
épreuve. Charrier.   16 50

82 — Mellan. Tête de Vierge et autres. 3 p.

83 — Michel-Ange (d'après). Jugement dernier et
grand fragment de la composition. 2 p.

84 — Nanteuil. Michel Letellier.   1 97
85 — Olszinsky. Philippe de Champagne.

86 — Ornements. Lepautre, Oppenort. 6 p.   1

87 — Ostade. La Fête sous la treille. Belle épreuve,
signée P. Mariette. 1670. 4ᵉ état.   20

88 — Oudry (d'après). La chasse au loup, les chiens
en arrêt eau-forte pure; chien couchant. 3 p.   5

89 — Picart (Et.). Concert de musique, d'après Do-
minique.   3 25

90 — Portraits par Desrochers et autres. 38 p.   19 50

— — Tirés des grands hommes de Perrault. 38 p.   5

91 — Poussin (d'après), Grand baptême dans le Jourdain, Peste d'Ébaque, Femme adultère, 3 p.
92 — Raimondi (Marc-Antoine) et son école. L'Homme au drapeau, Massacre des Innocents, saint Paul aveuglé, etc. 4 p
93 — Rembrandt (par et d'après), Ab. Francée, etc. 8 pièces.
94 — Robert (Marguerite). R. P. de la Boissière, prestre de l'Oratoire.
95 — Roman (d'après Jules), Triomphe de Bacchus, Jupiter et Io. 2 p.
96 — Roullet, Les saintes Femmes au tombeau du Christ.
97 — Rubens (d'après). Massacre des Innocents, Décapitation de saint Jean, Tournois, etc. 4 p.
98 — Saint-Aubin, Lebuhin. — Diderot, 2 portraits.
99 — Schurren (Van), Ch. Maurice Le Tellier, archevêque de Reims.
100 — Subleyras, La Madeleine aux pieds du Christ, chez le Pharisien.
101 — Suyderhoff, Le coup de couteau, d'ap. Ostade. Très-belle épreuve.
— La paix de Munster, d'après Terburg. Belle épreuve.
102 — Swanevelt (H.), Paysages. 7 p.
103 — Tanje, Maurice, prince d'Orange. Belle épr. éplomysée.

— 11 —

104 — TARDIEU. L. J. d'Audibert de Lussan, archevêque.   3 75

105 — TENIERS (d'après). Le Chimiste, les Pêcheurs,
le Sabbat, la Boudinière, etc. 6 p.   5 50

106 — THOUVENIN. La Mère malade, épreuve avant
toutes lettres.   1

107 — VACHEZ, d'après nature. L'homme unique à tout
âge, curieux portrait de Voltaire en pied,
colorié, rare.   5 50

108 — VATERLO. L'homme et la femme sur le monti-
cule. B. 68. La Laitière, B. 70. 2 pièces, belles
épreuves.   6 50

109 — VISCHER, d'après Ostade. Les Musiciens ambu-
lants.   4 75

110 — VORSTERMAN, d'après Rubens. La Chute des
Anges.   4

111 — WATTEAU. Garçon apothicaire, tête. 2 pièces.   1

— — L'Ile enchantée, très-belle épreuve; marge.   24

— — Rendez-vous de chasse; belle épr.; marge.   15 50

112 — WILLE. Bonne femme de Normandie, la Li-
seuse, comte de Saint-Florentin. 3 p.   1

113 — WOUWERMANS (d'après). La Forêt dangereuse et
autres, d'après Breughel, Polembourg. 6 p.   13

114 — ÉCOLE FLAMANDE. 17 pièces diverses.   1 50

115 — ÉCOLE FRANÇAISE. 27 pièces diverses.   1

116 — ÉCOLE ITALIENNE. 19 pièces.   2

117 — DESSINS. Fleurs, papillons, oiseau, etc. 11 p.   1 50

118 — — Diverses compositions, Corneille, Loir, etc.
8 pièces à la sanguine et au crayon.   7 50

— 12 —

119 — Traité de la peinture de Léonard de Vinci, 1651. Relié.

120 — Flavii Vegetii, de l'art militaire, 1535, fig. en bois, curieux, relié.

121 — Grande vue de Rome en 12 feuilles, collées sur toile, avec son rouleau.

CURIOSITÉS & OBJETS D'ART.

122 — Un grand plat de Bernard de Palissy. — 64 centimètres.

123 — Huit autres plats de Bernard de Palissy, dont Adam et Ève, — les Éléments, — Reptiles.

124 — Les Douze Césars. Émail grisaille.

125 — Sainte-Élisabeth. Émail en couleur.

126 — Jésus-Christ et la sainte Vierge. Émail en couleur

127 — Jésus assis sur sa mère. Émail.

128 — Un autre petit médaillon ovale en émail représentant deux femmes vêtues de blanc.

129 — Un bénitier en cuivre doré.

130 — Un coffre sculpté.

131 — Une statuette en ivoire de 13 centimètres.

132 — Statuettes en porcelaine de Saxe et de Chine.

133 — Groupe en biscuit de porcelaine.

134 — Bas-relief en bronze représentant la Mise au tombeau.

RENOU et MAULDE, Imprimeurs de la Compagnie des Commissaires-Priseurs, rue de Rivoli, 144. 7518

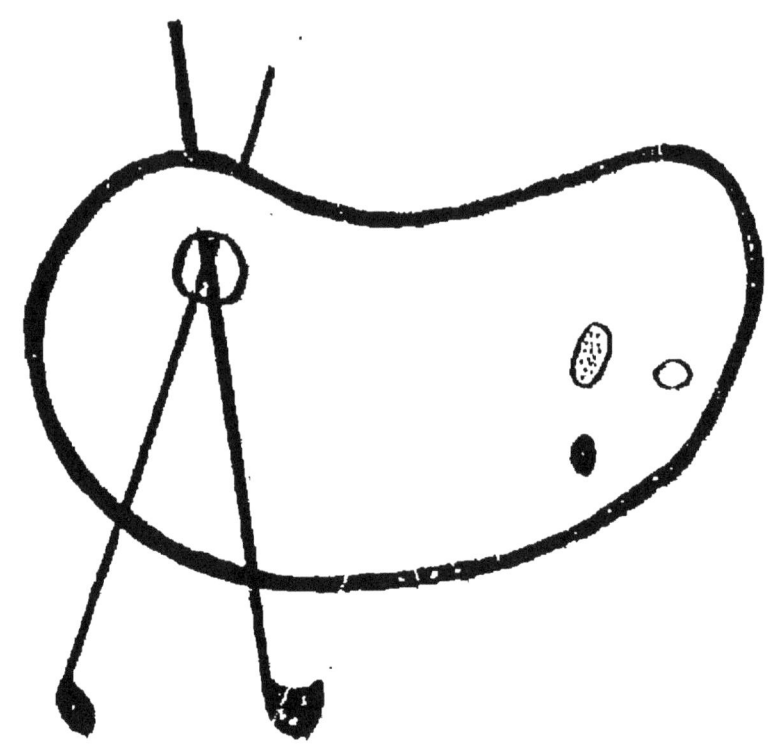

15
56
91

1. Appendianum total — 1
31 Alb. armatige — 8
2. Nustur ahursin — 2 50
3. Fruenforts
   Dudley W. Pickering
   Be stop the: of Heard
   enior the moment — 4
                      25

www.ingramcontent.com/pod-product-compliance
Lightning Source LLC
Chambersburg PA
CBHW060713050426
42451CB00010B/1425